AF233865

OBSERVATIONS

Sur les moyens de ramener l'abondance & le bon marché de plusieurs denrées & subsistances, spécialement des Viandes & du Bois.

Lues au Conseil général de la Municipalité de Paris, le 14 Janvier 1791, par M. BONCERF, Administrateur des Etablissemens publics.

Imprimées par ordre de la Municipalité.

MESSIEURS,

VOTRE sollicitude pour le bonheur & la prospérité de vos Concitoyens a fixé depuis long-temps vos pensées sur les moyens de ramener à un prix favorable les subsistances & les denrées de premier besoin. Vous avez entendu les opinions des Administrateurs des Subsistances, sur les causes de la cherté, sur la difficulté, disons mieux, l'impossibilité de ramener, par des taxes, l'abondance

A

& le bon marché. Cette vérité eſt d'autant plus frappante qu'une grande partie des viandes de notre conſommation ſe tire de l'étranger, & que l'étranger ne peut point ſubir nos loix, parce qu'il nous refuſera les denrées que nous ne voudrions pas lui payer le prix auquel il peut les donner, & que nos approviſionneurs ne peuvent revendre que dans la proportion des prix auxquels ils ont acheté.

Les taxes ne peuvent avoir lieu pour fixer le détail que lorſque le prix du gros eſt connu. Par exemple, dans un pays où l'on ne conſomme que du vin du crû, la Police peut taxer la bouteille de vin au débit, parce que le prix du muid eſt connu ; on peut auſſi taxer la livre de pain, quand le prix du ſeptier de bled eſt déterminé par le cours du marché ; mais on ne pourroit point taxer ni le muid de vin, ni le ſeptier de bled, parce qu'il n'eſt pas au pouvoir de la Police de faire produire un ſeptier de plus, ni de fixer le prix de fermages, non plus que celui de l'arpent de terre.

C'eſt donc par d'autres moyens que nous devons chercher à nous procurer l'abondance & le bon marché. Heureuſement nous en avons de grands & de prochains ; il s'agit de les employer promptement, &, comme ils dépendent principalement de l'autorité légiſlative, c'eſt à elle que vous devez recourir pour qu'elle vous procure

ces avantages par les Loix que vous lui propo-
serez d'après les confidérations que je vais vous
foumettre, fi elles obtiennent votre approbation.

Afin que vous puiffiez mieux juger de l'impor-
tance de votre démarche, de l'étendue de vos
befoins, du grand intérêt que la Nation entière
doit retirer des moyens que vous aurez adoptés,
je dois vous rappeller ici que nous tirons de
l'étranger, année commune, pour *fix millions
& demi de bœufs, porcs & moutons*;

Pour plus de *trois millions de chevaux & mu-
lets*;

Pour *quatre millions quelques cent mille livres
de chairs falées*;

Pour *trois millions de beure falé*;

Pour *quatre millions deux − cents mille livres
de fromage*;

Pour plus de *fix millions de cuirs & peaux*;

Pour *quatre millions & demi de fuifs*;

Pour *vingt millions de laine*;

Pour environ *vingt-neuf millions de chanvre,
de lin brut & fabriqués en fil, toiles & cordages.*

Bois de conftruction pour *cinq ou fix millions.*

Tous ces objets réunis excédent *quatre-vingt-
fept millions*, or, il nous eft poffible de nous
libérer de cet énorme tribut que nous payons à
l'étranger par les mêmes moyens qui doivent
procurer la diminution du prix des viandes.

Ces moyens je les ai indiqués plufieurs fois;

je vous demande la permiſſion de vous les rappeller très-ſommairement ; c'eſt en convertiſſant
une multitude d'étangs mal-faiſans en prairies
& en pâturages, en deſſéchant les marais funeſtes
qui déshonorent la ſurface du Royaume ; en ſup-
primant les obſtacles qui nuiſent au cours des
eaux, & qui perdent les vallées les plus pré-
cieuſes & les plus propres aux prairies abondantes ;
c'eſt en élevant des digues qui garantiſſent ef-
ficacement nos vallées des inondations ; enfin c'eſt
en multipliant les prairies artificielles qui ſont un
des plus grands moyens d'abondance & de proſ-
périté pour l'agriculture.

L'Aſſemblée Nationale a déjà été fréquemment
frappée de repréſentations ſur tous ces objets ;
elle a en conſéquence rendu quelques Loix pour
parvenir à faire commencer les deſſéchements ;
mais il lui reſte à décréter des Loix ſur le cours
des eaux, ſur la propriété des terres incultes, ſur
la ſuppreſſion des étangs, & ſur la manière de
faire l'emploi en prêt & en primes des ſommes
qu'elle a décrétées pour le ſecours des ouvriers
& la confection des travaux.

Sitôt que ces travaux ſeront commencés &
ces nouvelles Loix portées, il s'élévera néceſ-
ſairement une grande quantité de bétail ; l'a-
bondance améne le bon marché ; l'agriculture
recevra les engrais ; & les engrais produiront les
récoltes, qui à leur tour produiront le bétail.

Vous avez encore preſque ſous vos mains, par

(5)

l'effet de la révolution , une nouvelle source
d'abondance que vous pouvez & devez favoriser.

Le séjour du Roi & de la Cour , des Mi-
nistres & des bureaux à Versailles obligeoit d'en-
tretenir environ vingt-mille chevaux pour le ser-
vice de la route de Paris à Versailles & de Versailles à Paris.

Les fortunes composées des revenus du Clergé,
du Palais , de la finance & des pensions en-
tretenoient aussi une multitude de voitures qui
occupoient encore une telle quantité de chevaux, qu'on ne peut guères l'évaluer moins de
vingt-mille ; voilà donc quarante mille chevaux
de moins qui consommoient les fourages des
prairies de la Seine , de la Marne & de l'Yonne :
mais cette consommation étoit enlevée à celle
d'animaux plus utiles ; & , nous n'hésitons point
de le dire , ces chevaux dévoroient le patrimoine
des vaches, des bœufs & des moutons néces-
saires à votre subsistance. Ces fourages restent
invendus dans le pays. Il est vrai que c'est une
révolution dans la fortune & les revenus des
propriétaires ; mais ce n'est pour eux qu'une af-
fliction momentanée, qui doit produire un grand
bien , puisqu'ils sont, dès ce moment, à même
d'élever une grande quantité de vaches , de
veaux & de moutons ; & de faire du beurre
du fromage ; que tout ce bétail, consommant
sur les lieux les fourages du pays , améliore-
ra les terres & les prairies.   A 3

Mais nous devons hâter, par les moyens qui
font en notre pouvoir, la nouvelle population en
bétail , dont ils ont befoin , en interdifant ,
dans nos boucheries, tous veaux & agneaux femelles.

Ces indications rapides fuffifent pour montrer
l'immenfité de nos reffources, & le grand intérêt que nous avons de les employer promptement..

D'un côté , vous appercevez des efpérances pro-
chaines , à la vérité , & de l'autre des privations.

Mais en vous propofant des privations & en
vous indiquant des moyens d'abondance qui ne
peuvent avoir leur effet que fucceffivement ,
je n'ai point oublié les moyens naturels de
ramener très prochainement le prix de la viande
au cours le plus favorable.

Si nous pouvons diminuer la confommation
des viandes par un remplacement abondant &
prefque inépuifable , il s'enfuivra que l'état de
cherté ceffera , & que les vendeurs feront très-
empreffés à rechercher les acheteurs , & à leur
faire des conditions favorables.

Ce remplacement, Meffieurs, je me hâte de
vous le dire , eft le poiffon de mer que vous
aurez en abondance & au meilleur prix, fitôt que
le droit d'entrée fera réduit ou fupprimé.

Cette fuppreffion d'entrée diminuera le prix;

la diminution du prix favorifera la confommation; la confommation & la vente encourageront le pêcheur ; & l'abondance fera la fuite de fon travail; il eft évident alors que, le carnage de beftiaux fe ralentira ; que les demandes de beftiaux étant moins confidérables, il en réfultera une abondance relative, or toute abondance produit le bon marché. Ainfi, Meffieurs, pour l'obtenir, ce bon marché, il faut parvenir à la plus grande diminution des entrées du poiffon, ou à leur entière fuppreffion. La difcuffion fifcale de ce droit feroit trop étendue pour ce moment, mais le facrifice étant néceffaire on ne peut héfiter de le faire. D'ailleurs on ne peut fe diffimuler qu'il eft tems & jufte que la Ville de Paris reçoive quelques légers foulagemens qui l'indemniferont toujours foiblement des facrifices immenfes qu'elle a faits pour la Révolution ; ajoutons que le bon marché de la viande entraîne celle des cuirs, des fuifs, du beurre, & qu'il intéreffe tous les Départemens.

La faveur accordée à la confommation du poiffon de mer, convertira nos Côtes en une pépinière de Matelots; & l'on fait combien il importe à la profpérité du Commerce, & à la fûreté de nos poffeffions, de multiplier cette claffe.

Quant aux bois, plufieurs reffources fe préfentent également.

(8)

On trouve dans presque toute la France des tourbières. L'usage de la tourbe est vulgaire dans beaucoup de Départemens; il y a même des villes où il est défendu à certains arts & métiers, tels que les Teinturiers, Brasseurs & Buandiers, de se servir d'autres chauffages que de la tourbe. Dans beaucoup d'endroits, c'est avec la tourbe qu'on cuit la chaux & le plâtre. Il seroit facile d'étendre cet usage, de favoriser l'exploitation de la tourbe, & de l'affecter prohibitivement au bois, aux mêmes usages auxquels on l'employe dans d'autres Départemens.

Qu'il me soit permis d'en citer un exemple, quoiqu'il me soit personnel, puisqu'il peut convaincre de l'immensité des avantages qu'on en peut tirer.

L'abolition de la gabelle a fait élever, en Lorraine, la question de savoir s'il n'étoit pas utile de supprimer les salines qui consomment les coupes d'environ cent mille arpens de bois, & d'user du sel de mer, qui ne reviendroit pas plus cher que celui des salines qui renchérissent les bois, & les enlévent aux autres usines; mais d'un autre côté on observoit que la suppression des salines entraîneroit la ruine des Villes où elles sont établies, & nous priveroit d'une branche de commerce d'environ quinze cents mille livres pour le sel de ces salines que nous vendons à l'étranger.

J'ai terminé ces difficultés en conservant, d'une part les forêts, & de l'autre, les salines; en indiquant la tourbe & les gîtes où elle se trouve en abondance tout près des salines, trésor immense sur lequel les habitans du pays marchoient depuis des siécles, sans s'en douter. J'ai fait venir des ouvriers de Picardie; ils ont été envoyés en Lorraine; ils ont constaté dans les lieux indiqués, l'existence & l'abondance de la tourbe de première qualité; il en résulte que la tourbe va être substituée au bois dans les feux des salines, d'où naîtra l'économie de tous les bois qu'elles consommoient & qui demeureront réservés pour les usages ordinaires & pour les autres usines.

J'espère produire les mêmes ressources pour les salines de Franche-Comté, & qu'il en résultera une pareille économie.

Nous avons de plus les charbons de terre dans les mines en exploitation & dans une multitude d'autres déjà connues & qui n'ont besoin que de quelques encouragemens pour être ouvertes & exploitées avec avantage. La consommation en est empêchée par l'énormité des droits d'entrée; mais, en les réduisant ou en les supprimant, l'abondance de ce combustible en favorisera la consommation; & la diminution des entrées énormes qu'il paye, en fera adopter l'usage par une partie des habitans de Paris; dès lors, le bois étant moins recherché, parce qu'il y aura moins de concurrens, baiffera forcément de prix. Si on ajoute à ces reffources les régles que la faine phyfique prefcrit, & les précautions qu'une bonne adminiftration ordonne pour l'adminiftration des bois, bientôt nos forêts aménagées d'a-prés de bons principes, & confervées avec vigilance, nous offriront une abondance inépuifable. J'ai fans ceffe rappellé la néceffité de replanter nos forêts ruinées ; & je viens d'établir les moyens de convertir en forêts les déferts de la Champagne contenant plus de huit-cents mille arpens.

J'eftime donc, d'après ces confidérations, que vous devez,

1° Défendre de tuer dans vos boucheries aucuns veaux ni agneaux femelles, jufqu'à ce qu'il en ait été autrement ordonné.

2° Vous devez faire une Adreffe à l'Affemblée Nationale, par laquelle vous demanderez que, tant pour favorifer la pêche, former des matelots, ralentir la confommation de la viande, les droits d'entrée fur le poiffon de mer, à Paris, foient abolis.

3° Que, pour faciliter la découverte & l'ufage de la tourbe, les marais foient defféchés, & les obftacles à l'écoulement des eaux qui les forment foient ôtés & détruits.

4° Que l'Affemblée Nationale ordonné que

les acquéreurs des étangs dépendant des Do-
maines Nationaux feront obligés de les tenir
à fec, & de les exploiter en prairies, pâturages, ou
en culture de chanvre, lin ou plantes céréales (1).

5° Que dans tout pays où il fe trouvera de
la tourbe, il foit défendu à tous chaufourniers, de
cuire la chaux ou le plâtre avec le bois, & qu'il
leur foit enjoint de fe fervir à cet effet de la
tourbe ; pareils ordres & défenfes à tous buandiers, teinturiers & braffeurs.

6° Que les droits fur le charbon de terre
foient fupprimés aux entrées de Paris, & qu'il
foit accordé des fecours pour l'ouverture & l'exploitation des mines qui les contiennent.

7° Que toute conftruction en pans de bois foit
défendue & remplacée, à Paris, par le moëlon,
&, dans les campagnes, par le pifé, fuivant la
méthode de M. Cointreaux.

Vos befoins autorifent ces démarches ; l'excès
des impôts fur ces matières rend leur fuppreffion
néceffaire ; le befoin que nous avons de bois de
conftruction pour la Marine nous oblige de mé-
nager nos forêts ; n'oublions jamais que nous
tirons tous les ans, de l'étranger, pour cinq ou

----

(1) La fuppreffion d'une partie des étangs nationaux
peut nous donner cinq - cents mille arpens de prairies &
de pâturages, & rendre la falubrité aux pays infectés par
les exhalaifons & dont les habitans font dévorés par les
fiévres.

fix millions de bois de conftruction. Si nous fufpendons, par l'ufage de la tourbe & du charbon de terre, la dévaftation de nos forêts , & , fi nous y ajoutons la défenfe des conftructions en pans de bois, en les remplaçant par le moëlon & les conftructions en pifé, nous ferons bientôr à même de nous paffer des bois de l'étranger.

Cette indication de nos reffources vous démontre que, fitôt que nous faurons en ufer, toute forte d'abondance récompenfera nos foins; qu'il ne s'agit que de remplacer les erreurs, l'ignorance, l'indifférence & les iniquités de l'ancien régime par les foins, la vigilance, les lumières & le patriotifme d'une nouvelle adminiftration pour être à jamais à l'abri de la difette & de la cherté de toutes les denrées néceffaires à vos befoins, & que vous jouirez, au contraire, vous & vos defcendans, d'une abondance inépuifable.

De l'Imprimerie de LOTTIN l'aîné & J.-R. LOTTIN, Imprimeurs-Libraires-Ordinaires de la VILLE, rue S.-André - des - Arcs, (N° 27) 1791.